AF245252

RÉSULTAT

DE LA POLITIQUE

DE

L'ANGLETERRE

DANS CES DERNIÈRES ANNÉES.

A PARIS,

CHEZ LES MARCHANDS DE NOUVEAUTÉS.

THERMIDOR AN XI.

RÉSULTAT

DE LA POLITIQUE

DE

L'ANGLETERRE

DANS CES DERNIÈRES ANNÉES,

OU

DISCOURS

Prononcé *dans la chambre des communes,
par M. Trueman, pour engager cette
chambre à voter une adresse au roi, afin
d'obtenir de Sa Majesté qu'elle veuille
bien éloigner de ses conseils les ministres
actuels.*

MONSIEUR,

Depuis trente ans que j'ai l'honneur de siéger
dans cette chambre, deux fois déjà j'avais vu des
ministres ineptes ou pervers entraîner ma patrie
dans des guerres qui ont ensanglanté les quatre
parties du Monde, et qu'il n'a été possible de ter-

miner qu'en renonçant complétement au but qu'on prétendait qu'il nous fallait atteindre si nous voulions sauver ce que tout Anglais a de plus cher., l'honneur national, la liberté et la constitution; et pourtant dans ces deux guerres notre marine s'était constamment couverte de gloire, et nos forces de terre, toutes les fois qu'elles avaient été bien conduites, avaient prouvé qu'elles n'étaient point inférieures en valeur à nos forces maritimes.

Pendant la longue durée de ces deux guerres désastreuses, souvent j'avais entendu dans cette chambre, un petit nombre d'hommes éclairés, s'opposant en vain à des majorités, moitié corrompues, moitié fanatiques, prédire l'issue funeste de ces luttes sanglantes, démontrer l'impossibilité d'atteindre le but qu'on présentait sans cesse à nos regards. Mais aussi quel but !... Subjuguer l'Amérique que l'insolence de nos mépris, plus encore que notre injustice, avait révoltée... dicter des lois à vingt-cinq millions de Français dont un fanatisme politique centuplait les forces.

Pendant la guerre d'Amérique, que les ministres d'alors prolongèrent de la manière la plus coupable (1), notre dette nationale et les impôts qui

____

(1) Le ministère anglais fit les deux dernières campagnes de la guerre d'Amérique, avec la parfaite con-

lui servent de gage , furent plus que doublés ; notre marine marchande réduite au tiers , et la paix de 1783 nous força de reconnaître l'indépendance des mêmes colonies dont la défense nous avait déjà coûté autant d'or et de sang que nous venions d'en répandre inutilement pour les soumettre.

Pendant la dernière guerre contre la France , dont le cours a été marqué dans notre intérieur par des événemens dont les conséquences alarment encore tous les amis de la patrie (1), notre dette

---

viction de l'inutilité de ses efforts ruineux ; mais il voulait plaire au roi , qui ne partageait pas l'opinion de son conseil et de ses généraux.

Sa Majesté perdait en effet beaucoup en renonçant à l'Amérique, où elle avait pour trois ou quatre cent mille livres sterling de places à donner. C'est ce qu'on nomme en Angleterre le patronage de la couronne, et l'usage qu'elle en fait est bien connu ; il ne l'est pas moins que c'est principalement pour remplacer ce que la couronne avait perdu de patronage en Amérique, que le gouvernement s'est emparé de celui de la compagnie des Indes ; il a gagné beaucoup à ce marché, car celui de l'Inde est de deux millions sterling.

(1) L'honorable membre a sans doute voulu parler ici de la suspension des paiemens de la banque, de la révolte presque générale des matelots, des insurrections qui ont éclaté dans plusieurs provinces, des lois nouvelles qui ont mutilé la constitution et menacé d'anéantir la liberté civile ; de la disette des subsistances devenue

nationale, toute-énorme qu'elle était, et les impôts destinés à en acquitter l'intérêt, avaient été beaucoup plus que doublés, lorsqu'enfin les cris de la nation entière, gémissant sous une foule de calamités dont toutes nos victoires n'avaient pu la garantir, forcèrent les ministres à conclure le traité d'Amiens (1).

Par ce traité, comme par celui de 1783, nous renonçâmes encore au but auquel on nous avait répété mille fois qu'il fallait atteindre si nous voulions sauver l'honneur, la liberté, la constitution et la propriété. La France, accrue d'un tiers, resta sans contredit la première puissance de l'Europe, et l'Angleterre n'acquit que deux îles qui ne valaient pas la cinquantième partie du sang et des trésors que la guerre nous avait fait répandre ; et pourtant ce traité fut reçu avec enthousiasme par

---

presque habituelle, et portée à un tel point, qu'il a fallu régler par un acte de parlement la qualité et la quantité de pain que chaque individu pouvait consommer ; enfin, de la disparution du numéraire, qui obligea la banque d'émettre des billets de la modique somme de 24 livres tournois, tandis qu'avant la guerre le plus petit billet était de 240 liv. tournois.

(1) Pour avoir une idée de l'opinion publique en Angleterre, relativement à la paix, il suffit de se rappeler la réception qu'on fit à M. Law de Lauriston, lorsqu'il porta à Londres la ratification des articles préliminaires.

la nation entière ; il fut prôné dans cette chambre par ces mêmes hommes qui, sous le spécieux prétexte de sécurité et d'indemnités, avaient, d'année en année, différé de poser les armes jusqu'à ce que la lassitude et l'épuisement les leur firent tomber des mains.

D'après ces deux funestes exemples, des dangers de l'imprévoyance du parlement et de son aveugle confiance dans les ministres du roi, je croyais impossible que de long-tems on osât tenter de replonger la nation dans une nouvelle guerre, et bien moins encore nous proposer une aggression volontaire, décidée, évidente et évidemment injuste.

Avec quel étonnement, avec quelle douleur j'ai entendu les mêmes hommes, qui depuis six mois seulement avaient signé la paix, faire retentir cette chambre du cri inhumain de la guerre ! Avec quel désespoir j'ai entendu cette chambre répéter comme l'écho, ce cri si douloureux pour l'humanité !

En vain j'ai uni ma faible voix à celle de quelques hommes, pour qui rien n'est contagieux que le bien. Nos voix ont été étouffées, et la guerre a été sanctionnée par les représentans de la nation.

Si cette nouvelle guerre est dirigée comme l'a été celle dont nous sortons à peine, elle achevera la ruine de notre patrie ; elle condamnera à la misère, au désespoir, un peuple loyal et bon, qui avait confié son salut à la sagesse de ses représentans. Je veux au moins, Monsieur, répondre à la confiance de ceux qui m'ont envoyé ici ; je veux proposer à la chambre le seul moyen qui me paraît propre à nous sauver encore.

Puisque la guerre est déclarée (1), assurons-nous du moins que le sang du peuple qu'on va répandre à grands flots, que l'argent que nous allons arracher à ce peuple déjà si foulé, ne seront pas prodigués dans des entreprises chimériques, aussi mal exécutées que légérement conçues ; assurons-nous que cette guerre sera conduite avec autant d'économie que de sagesse, qu'elle n'aura d'autre but qu'une paix équitable, que cette guerre cessera dès que nous pourrons atteindre ce but. Mais je vous le demande, Monsieur, je le demande à la chambre, à la nation entière : Est-ce là ce que nous pouvons espérer si nous confions la direction de cette guerre aux mêmes hommes qui ont dirigé celle qui vient à peine d'être terminée ?

Je dis aux mêmes hommes, parce que (et nous le savons tous) le ministère actuel n'a été créé,

____

(1) L'honorable membre aurait dû dire que la guerre a été commencée avant d'être déclarée, et que pendant quelque tems les commandans des vaisseaux de Sa Majesté britannique étaient aussi pirates que les reis d'Alger.

n'est soutenu, n'est guidé que par le ministre principal, qui a précédé celui qui occupe aujourd'hui
nominalement sa place. Je respecte le caractère personnel du chancelier de l'échiquier actuel ; mais
tant qu'il sera revêtu de cette charge il ne pourra
suivre que les plans que lui suggérera son prédécesseur, les plans que son prédécesseur voudra bien
appuyer.

Dès-lors, Monsieur, je vous le demande, pour-
rons-nous espérer autre chose que de voir renouveler ce tissu d'erreurs, de fautes, de duplicité, d'insolence et de barbarie, qui nous a fait perdre nos
alliés, attiré la haine des neutres, exaspéré contre
nous les Français de tous les partis, et indigné tous
les amis de l'humanité sur la surface du globe ?

(Des cris de *hear, hear* se font entendre du côté
ministériel et interrompent l'orateur, qui, reprenant
la parole, dit :) Indiscrets amis du ministre le plus
coupable, vos cris ne me déconcerteront point ! Ne
me connaissez-vous pas assez pour être bien sûr
que je ne hasarderais pas de pareilles assertions sans
être préparé à en fournir les preuves ; oui, des
preuves irréfragables, et je vais les soumettre au ju-
gement de la chambre, à celui de la nation, à celui
de l'Europe entière.

Pour vous faire apprécier, Monsieur, la conduite aussi insensée que criminelle des ministres

du roi pendant le cours de la dernière guerre, je tracerai l'esquisse de leur conduite, d'abord sous le rapport de leurs vues, de leurs plans, de leurs mesures relativement à la France, puis relativement aux autres puissances de l'Europe, alliées de l'Angleterre ou neutres.

Vous vous rappellerez sans doute qu'amis de la liberté, nous fûmes presque tous ici séduits par la brillante aurore de la révolution française; nous admirions à la fois la bonté du monarque qui, en s'environnant des représentans de son peuple, sacrifiait sans regret, au bonheur de sa nation, une partie de cette autorité qu'il avait reçue des rois ses aïeux, et les sentimens patriotiques et les talens éminens d'une foule de membres qui ont illustré la première assemblée de la nation française.

Mais bientôt la bonté du prince, dégénérée en faiblesse, et le patriotisme en exagération, nous firent concevoir des craintes, hélas trop fondées ! sur l'issue de cette grande expérience politique. Un de mes honorables amis, que la nature avait fait à la fois orateur, homme d'État et homme de bien, que la Providence semble avoir voulu douer, dans ses dernières années, du don de prophétiser, pour avertir l'humanité des maux dont elle était menacée, fut le premier qui prévit, qui calcula jusqu'où se porterait le délire des factions, les crimes dont

elles couvriraient la France, les dangers qu'elles fe-
raient courir à l'ordre social de l'Europe entière ;
et avant de publier son opinion, il crut devoir la
communiquer au ministre du roi (1).

Ceux-ci jusqu'alors avaient enveloppé d'un voile
épais leurs opinions sur la révolution française, leurs
vues, leurs plans et leurs mesures ; cependant, en
suivant avec attention la marche de leurs agens,
celle de leurs écrivains à gages, on pouvait appercevoir assez distinctement qu'ils cherchaient à augmenter les troubles intérieurs et les embarras ex-
térieurs de la France.

Tantôt caressant les chefs du parti populaire, on
les encourageait à remplir la noble tâche qu'ils
s'étaient imposée, d'affranchir un grand peuple de
l'esclavage dans lequel il avait gémi tant de siècles,

---

(1) M. Trueman désigne évidemment ici M. Burke.
Cet homme célèbre est en effet le premier qui ait prévu
jusqu'où pourraient se porter la démagogie et l'anarchie,
qui ont coûté tant de sang et de larmes à la France. Mais
si M. Burke a fouvent très-bien peint les choses, il a
plus souvent encore très-mal peint les hommes. Avec une
imagination brûlante il était sujet aux préventions, et
rien ne l'en faisait revenir. D'ailleurs, ne connaissant
personnellement aucun des hommes dont il a parlé le
plus dans ses ouvrages sur la France, il ne pouvait en
parler que sur les rapports qu'on lui en avait faits, et souvent ces rapports étaient dictés par l'esprit de parti.

et on leur laissait entrevoir la possibilité de les appuyer si jamais ils avaient besoin de l'être ; tantôt traitant ces mêmes hommes d'énergumènes politiques, qui, sans réflexion comme sans nécessité, détruisaient toutes les institutions sociales de leur patrie, on plaignait le monarque avili, les premiers ordres de l'État renversés, les propriétaires dépouillés, et l'on flattait les chefs du parti qui soutenait l'ancien ordre de choses, de l'espoir que le moment pourrait arriver où on leur tendrait une main secourable : la route de Londres à Paris était sans cesse couverte d'agens non accrédités, dont les menées fournirent souvent des sujets de plainte à ceux qui gouvernaient alors la France.

En même tems les ministres du roi, en Allemagne et dans le Nord, déclamaient ouvertement contre les infractions que la France se permettait de faire au fameux traité de Westphalie, aigrissaient le Corps germanique, encourageaient les princes possessionnés en France, à refuser les indemnités qu'on leur proposait, à s'unir, à s'opposer au moindre changement dans leurs droits ou leurs prétentions, dût-il même leur être avantageux.

Dans le Midi, les mêmes hommes n'irritaient pas seulement les princes, les ministres, les chefs des États ; ils fanatisaient les peuples en accusant l'Assemblée nationale d'avoir, d'une main sacrilége , renversé les autels du Seigneur , anéanti le culte , spolié, dégradé ses ministres.

On ne se borna pas à tourmenter ainsi la France en Europe : ses colonies, en Amérique , furent les objets des soins des ministres de Sa Majesté. L'imprudence des colons, l'imprudence plus coupable de ces hommes qui s'intitulaient si faussement les *Amis des Noirs*, avaient répandu parmi les cinq cent mille nègres de Saint-Domingue une agitation vague , que la sagesse et la vigueur des colons pouvaient appaiser : on se hâta de la nourrir, de l'enflammer, de précipiter ses éclats destructeurs. A Londres , sous les yeux des ministres, on imprimait réguliérement des milliers d'exemplaires de tous les discours qui se prononçaient dans les réunions fanatiques des *Amis des Noirs* en France , des projets qu'on y présentait ; on les ornait d'un commentaire, dans lequel on rendait compte des efforts que faisaient en Angleterre les fanatiques de la même espèce, que le ministère protégeait alors ouvertement , dont il appuyait les motions dans cette chambre même, dans l'unique dessein de tendre un piége à l'Assemblée nationale de France. Cette précieuse cargaison d'écrits incendiaires était de tems en tems adressée à un officier des douanes à la Jamaïque, chargé , par le ministère , de la faire reverser sur les côtes de Saint-Domingue. Non, l'Africain stupide et féroce qui plongeait son poignard dans le sein de son maître, n'était pas son assassin : le véritable bourreau de tous les blancs égorgés à Saint - Domingue fut le ministère de Sa Majesté (1).

Telle était, Monsieur, la marche secrète des ministres de Sa Majesté, lorsque M. Burke appela leur attention sur la nature et le véritable état

---

(1) On aurait peut-être peine à croire que les ministres anglais aient pu se laisser aveugler par leur haine contre la France, au point de compromettre le sort de leurs propres colonies pour détruire celles de la France, si la conduite de ces ministres, relativement à Saint-Domingue, dans ces derniers tems, n'en fournissait la preuve la plus complète. Le desir, l'espoir d'empêcher la France de rétablir l'ordre à Saint-Domingue, a été un des motifs avoués de la déclaration de guerre : au surplus, l'Angleterre est, de toutes les puissances qui ont des colonies à sucre en Amérique, celle qui perdrait le moins à leur bouleversement général.

Le Bengale peut fournir le sucre nécessaire à la consommation de l'Europe entière, et peut le fournir à beaucoup meilleur marché que les colonies occidentales. Pour empêcher l'importation du sucre des Indes en Angleterre, on a imposé sur chaque quintal de ce sucre un droit de 37 schelings en sus de celui que paient les sucres des colonies occidentales, qui autrement ne pourraient soutenir la concurrence ; mais le Bengale n'appartiendra pas éternellement aux Anglais.

de la révolution française, sur le danger dont elle
menaçait alors tous les gouvernemens existans, sur
la probabilité de l'anéantissement de la balance
politique de l'Europe, soit que la France succombât
dans les entreprises gigantesques qu'elle annonçait,
soit qu'elle parvînt à les exécuter ; sur la nécessité
d'intervenir pour tâcher de terminer les troubles
intérieurs de la France d'une manière aussi avan-
tageuse pour elle, qu'honorable pour Sa Majesté
britannique. M. Burke croyait alors possible de
négocier un arrangement qui aurait donné à la
France une constitution libre sous un monarque,
et aurait assuré son bonheur en même tems que la
tranquillité de l'Europe ; il croyait possible que son
pays parvînt à la plus éclatante prospérité, sans prétendre à l'empire absolu des mers, au commerce
exclusif de l'Univers. Des prétentions aussi odieuses
pour le reste de l'Europe lui paraissaient dange-
reuses pour l'Angleterre, parce qu'elles devaient
déterminer l'Europe entière à se liguer contr'elle ;
il croyait même utile pour l'Angleterre, qu'elle ne
restât pas sans rivale, et il desirait que la France,
sans être en état de nous nuire, demeurât une grande
et importante puissance.

Mais des vues si libérales, une politique si noble,
ne pouvaient convenir à des hommes à qui l'orgueil
tenait lieu d'élévation ; la cupidité, de patriotisme ;

qui regardaient la justice et l'humanité comme la vertu des dupes, bonnes tout au plus à servir de manteau au crime, pourvu qu'il fût utile.

Les efforts de M. Burke, pour leur faire ouvrir les yeux sur la profondeur de l'abîme dans lequel ils risquaient d'entraîner leur patrie, ne firent que blesser leur puérile vanité; ils ne se donnèrent pas la peine de dissimuler qu'ils étaient choqués qu'un homme qui ne siégeait pas avec eux dans le cabinet du souverain, voulût prétendre à discuter de si grands intérêts : ils osèrent poser en principe, qu'on pouvait encourager les nouvelles maximes, et qu'en supposant qu'elles triomphassent intérieurement et extérieurement de toutes les résistances, et même qu'elles renversassent le gouvernement des autres pays, comme celui de la France, l'Angleterre n'aurait rien à redouter pour elle du bouleversement général ; que sans s'embarrasser de ce qui pourrait se passer à cet égard sur le Continent, l'Angleterre ne devait avoir qu'un seul but, la destruction de la France, et que, pour atteindre ce but, tous les moyens étaient également légitimes pour les ministres de Sa Majesté.

Raisonner ainsi, c'était outrager à la fois le bon sens, l'honneur et l'humanité. Qui croirait, sans en avoir été témoin, que les mêmes hommes qui osèrent avouer un si abominable système, vinrent en-

suite

suite sans rougir répéter dans cette chambre , pendant les huit années de guerre, cent fois par session,
que le progrès des maximes françaises menaçait
notre constitution d'un danger journalier, immi-
nent ; qu'ils ont dénoncé , poursuivi, quoique rarement prouvé , une foule de conspirations contre le
gouvernement ; qu'ils ont mille fois proclamé l'impossibilité de terminer la guerre avant que les principes révolutionnaires fussent étouffés dans leur
berceau même. Si ces assertions tant de fois répé-
tées étaient vraies, y aurait-il eu jamais , dans la
Grande-Bretagne, un ministre plus coupable ou
plus inepte que celui qui , en adoptant, ou suivant
obstinément des principes absurdes , exécrables ,
nous exposa à des dangers si grands ? Si ces assertions étaient fausses , vit-on jamais siéger dans le
conseil de nos rois un imposteur plus impudent
que celui qui osa calomnier la loyauté du peuple
anglais pour prolonger une guerre dont l'énorme
dépense, les revers et l'issue honteuse ne sont dus
qu'à son incapacité.

Au commencement de 1792 , les ministres ma-
nifestèrent leur persévérance dans les principes
qu'ils avaient adoptés. A cette époque , des membres de l'Assemblée constituante, auxquels leur véritable patriotisme, autant que des talens supérieurs,
avait conservé en France une grande influence,

B

et sur le conseil du roi, et sur les vrais amis d'une sage liberté, prévirent et redoutèrent les progrès de l'anarchie et les excès qui ont si cruellement affligé, dans les années suivantes, tous les amis de l'humanité. Ces membres pensèrent que la médiation du souverain d'un peuple libre et sa garantie pourraient en imposer aux factieux de la France, y soutenir le trône et la constitution défectueuse qui existait alors, assez long-tems pour qu'on pût rendre à la monarchie des fondemens plus solides. Ils entamèrent une négociation avec les ministres du roi, qui se retranchèrent d'abord dans les formes, et finirent par éluder peu honnêtement toutes les propositions qu'on leur fit.

Vers la fin de 1792, les ministres professèrent plus évidemment encore les principes qu'ils avaient suivis jusqu'alors. Trois mois environ avant que la guerre n'éclatât, des colons de la Martinique et de la Guadeloupe, craignant d'éprouver le sort de ceux de Saint-Domingue, ignorant d'où partait le coup mortel qui avait frappé cette malheureuse colonie, s'adressèrent aux ministres du roi pour implorer la protection de Sa Majesté; ils proposèrent une capitulation qui conciliait, autant qu'il était possible, leur sûreté, celle de leurs propriétés, avec l'allégeance qu'ils devaient à leur métropole, et avec les obligations qu'ils contracteraient envers

(19)

d'Angleterre. Les ministres, s'applaudissant alors de la prétendue sagesse de leur exécrable système, se hâtèrent de signer la capitulation : des vaisseaux, des troupes, furent expédiés sur le champ; nos forces prirent possession de la Martinique ; mais dès qu'elles y furent installées, les ministres déclarèrent la capitulation nulle, l'île conquise, et la traitèrent comme telle. La légéreté avec laquelle l'opération sur la Guadeloupe fut conçue, la mal-adresse avec laquelle elle fut exécutée, et l'insuffisance des forces qu'on y envoya, nous firent échouer, et quelques centaines de colons payèrent de leur tête le soupçon d'avoir desiré de se ranger sous nos lois (1). Presqu'en même tems les ministres, se flattant sans doute dans leur présomptueuse ignorance, qu'il leur serait facile de rétablir à Saint-Domingue l'ordre qu'ils y avaient détruit, traitèrent également avec les colons de cette île. L'expédition qu'ils y firent nous a coûté dix millions sterling, quinze mille

---

(1) En 1778, la reconnaissance que fit Louis XVI de l'indépendance des États-Unis de l'Amérique, fut regardée par l'Angleterre comme une déclaration de guerre. En novembre 1792, elle traite avec les colonies françaises ; elle fait partir des troupes pour s'en emparer, et soutient ensuite impudemment que c'est la France qui, en 1793, a déclaré la guerre et a commencé les hostilités.

hommes y ont péri, et après deux campagnes nous avons évacué Saint-Domingue, en y laissant un agent accrédité auprès d'un misérable nègre, reconnu par les ministres de Sa Majesté britannique comme chef supréme d'une colonie dont peu avant les propriétés de toute espèce s'élevaient à 150 millions sterling.

Au commencement de 1793, les succès des Français dans les Pays-Bas, et leur projet d'invasion en Hollande, fournirent aux ministres l'occasion et le prétexte d'ajouter la force des armes aux menées secrètes qu'ils avaient employées jusqu'alors pour arriver au but qu'ils s'étaient toujours proposés, la destruction de la France. Jamais ils n'ont cessé un moment de tendre vers ce but, et d'année en année ils ont offert plus ou moins de preuves de leur persévérance dans ce plan, devenu d'année en année plus absurde. En vous retraçant, Monsieur, dans un moment la marche des ministres dans leurs relations avec les puissances de l'Europe, je vous démontrerai les fautes innombrables dans lesquelles ce plan les a entraînés sur le Continent. Je veux auparavant achever de récapituler celles qu'ils ont commises d'année en année dans leurs relations avec la France.

Le cours de l'année 1793 offrit aux ministres trois occasions d'influer sur la destinée de la France, d'abréger ses souffrances , de délivrer l'Europe du danger dont elle était menacée , d'écarter les maux que nous avons soufferts nous-mêmes depuis ; mais il fallait en revenir au noble et bienfaisant système de M. Burke, modifié d'après les circonstances ; il fallait, par une conduite loyale, s'attacher tout ce qu'il y avait en France de gens de bien , les en-courager , leur tendre une main sûre et secourable, les aider à étouffer le monstre de la terreur et de l'anarchie ; il fallait..... Mais le génie du mal lui-même n'aurait pas plus indignement usé, que ne l'ont fait nos ministres, de ces trois occasions, Lyon, la Vendée et Toulon.

Je n'examinerai pas les causes qui firent éclater sur ces trois points importans de la France une insur-rection formidable contre le gouvernement étrange qui existait alors, et je croirais, Monsieur, faire injure à la pénétration des honorables membres de cette chambre, si j'entreprenais de prouver que nous pouvions , que nous devions tirer de ces trois cir-constances le plus grand parti pour ramener le calme en France et la paix en Europe ; les ministres n'y virent qu'une occasion de faire entr'égorger des Français (1).

____

(1) Un étranger considérable , parlant un jour devant un ministre anglais de tout ce qui s'était passé à Lyon ,

Sans doute il était impossible que l'Angleterre influât directement sur le sort de Lyon ; mais le roi de Sardaigne était à portée, le subside qu'il recevait de nous le mettait dans notre dépendance. Pourquoi ne l'avons-nous pas fait agir ? Pourquoi l'avons-nous empêché d'agir ; car il est constant que c'est malgré lui qu'à cette époque il est resté dans l'inaction ?

Mais à Toulon les ministres ont pu agir directement ; ils le pouvaient à la Vendée. Voyons ce qu'ils ont fait.

Lorsque les Vendéens coururent aux armes, j'ignore si leurs chefs avaient d'autres vues que celles de leurs soldats ; mais ceux-ci ne se présentèrent au combat que pour défendre le culte de leurs pères, qu'on avait proscrit avec ses ministres, et les lois antiques sous lesquelles ils vivaient satisfaits. Leur premier desir fut de voir à leur tête un prince du sang de leur dernier souverain, et dans leurs rangs des officiers dont ils estimaient la valeur et l'expérience. Les chefs chargèrent l'un d'entr'eux d'aller exprimer ce vœu de leur armée aux princes français qui, à cette époque, étaient relégués dans une chaumière à Ham, et de concerter avec eux les moyens

---

le ministre lui répondit : « Qu'importe qu'un jacobin tue » un royaliste, ou qu'un royaliste tue un jacobin ; c'est » toujours un Français de moins. »

de les faire arriver avec un nombre d'officiers de tous les grades et de toutes les armes, suffisant pour former en corps réguliers une masse à laquelle le courage ne pouvait tenir lieu de tout.

L'officier vendéen, pour se rendre à sa destination, aborda en Angleterre au printems de 1793, fut arrêté comme tout ce qui arrivait alors de France, et, sur sa demande, conduit chez les ministres, auxquels il expliqua l'objet de son voyage avec d'autant plus de franchise, qu'il ne doutait pas alors que l'Angleterre et les autres puissances n'eussent pour objet principal de leur ligue le rétablissement de l'ordre en France, et il se flattait que l'Angleterre verrait avec plaisir et soutiendrait avec empressement les efforts des Vendéens, qu'il assurait n'avoir d'autre but.

Ce n'était point celui de nos ministres : tout ce qu'ils apprirent sur les forces du parti déjà insurgé, sur les dispositions des provinces environnantes, leur fit craindre que ce parti n'acquît bientôt une consistance telle, qu'ils ne pourraient plus en disposer à leur gré ; ils se décidèrent à l'affaiblir pour le mettre dans leur dépendance. Pour exécuter ce projet, il fallait commencer par tromper l'officier vendéen, et surtout empêcher les princes français, les généraux et les officiers que la Vendée réclamait, d'aborder les côtes de France.

Les ministres comblèrent de caresses l'officier vendéen, louèrent l'estimable motif qui, disaient-ils, avait fait prendre les armes à ces malheureuses provinces ; lui prodiguèrent les promesses de secours de toute espèce : canons, fusils, munitions, argent, tout allait être prodigué ; mais, ajoutèrent les ministres, il faut observer le plus profond secret. Si l'on soupçonnait seulement nos projets, l'opposition nous attaquerait dans le parlement, les armées républicaines se précipiteraient sur vous pour vous écraser avant que nous ne pussions venir à votre secours. Si vous allez sur le champ à Ham, l'impatience des princes, les dispositions qu'ils se hâteront de faire, celles de leurs alentours, feront transpirer le secret ; restez donc au milieu de nous, soyez témoin de nos préparatifs, annoncez-les à vos chefs, et quand tout sera prêt, nous transporterons nous-mêmes, avec une flotte imposante, les princes et tous les officiers qu'ils jugeront à propos de conduire avec eux.

Pour mieux tromper l'officier vendéen, et par lui les chefs de la Vendée, les ministres répandirent le bruit d'une expédition secrète, établirent un camp destiné aux troupes qui devaient la composer, en donnèrent le commandement à un noble lord, dont la réputation, aussi distinguée dans l'armée que dans le sénat, inspirait la confiance ; ils firent rassembler des bâtimens de transport, des armes, des munitions de toute espèce; mais à peine un régiment arrivait au camp, à peine les armes, les munitions y étaient rendues, que le régiment, les armes et les munitions y étaient embarqués pour les Pays-Bas. En attendant, les ministres tenaient l'officier vendéen presqu'en chartre privée, et, sous le prétexte du secret nécessaire au succès de sa mission, ne lui permettaient de voir personne.

Un pair de France, aussi respectable par son âge que par ses vertus, résidait alors à Londres, tacitement reconnu par Sa Majesté britannique et ses ministres, comme agent des princes français; il avait séjourné déjà assez long-tems dans ce pays pour apprécier le caractère de nos ministres; il apprit le séjour de l'officier vendéen; il s'aboucha secrétement avec lui. Instruit par lui de tout ce qui s'était passé depuis trois mois qu'il était en Angleterre, il demanda, avec tant d'énergie, qu'il fût permis à cet officier d'aller exécuter auprès des princes français la commission dont ses chefs l'avaient chargé, que les ministres, de peur de se démasquer entièrement, n'osèrent refuser : l'officier partit donc, et se rendit à Ham.

Quelle que pût être à cette époque l'opinion des princes français sur les intentions réelles de notre ministère, ils n'eurent pas plutôt reçu le message de l'armée vendéenne, qu'ils se décidèrent à se jeter sur le champ dans la Vendée sans attendre les secours dont on les flattait. En effet, quel secours pouvaient valoir pour eux le courage, le dévouement, l'enthousiasme de cent mille Français prêts à combattre, à mourir pour leur cause.

Les princes envoyèrent sur le champ un officier de la marine royale de France à Southampton, avec les fonds nécessaires pour y acheter un bâtiment dont l'équipage n'aurait été composé presqu'en entier que d'officiers de la marine royale de France, et qui aurait servi à transporter à la fois les princes, un grand nombre d'officiers généraux et particuliers de toutes les armes, et toutes les munitions qu'ils auraient pu se procurer.

Rendu à Southampton, l'officier de la marine royale de France se hâta de se procurer le bâtiment qui lui parut le plus propre à l'usage auquel il le destinait; mais à peine eût-il commencé à y faire travailler, que les ministres lui firent signifier l'ordre de cesser toute disposition ultérieure, en ajoutant qu'ils ne laisseraient à personne le soin qu'ils voulaient prendre eux-mêmes, de transporter les princes en France.

Fidèles au plan qu'ils s'étaient tracé, d'empêcher les princes d'arriver en France, de peur que leur parti n'y acquît trop de force, nos ministres conservaient pourtant encore assez de pudeur pour sentir la nécessité de couvrir d'une espèce de voile tout ce que ce plan avait d'abominable ; ils imaginèrent pour cela un expédient digne d'eux.

Ils envoyèrent aux princes une espèce de mémoire, dans lequel ils posaient en principe, que l'intérêt de l'Angleterre, celui des puissances coalisées, ne permettaient pas à Sa Majesté britannique de placer les princes français à la tête d'un parti en France, avant qu'ils ne se fussent expliqués et concertés avec les ministres de Sa Majesté , sur trois points préliminaires de la plus haute importance : la forme de gouvernement à donner à la France , l'indemnité à donner aux puissances coalisées pour le passé , et la sécurité pour l'avenir.

Il était évident que si les princes consentaient à entrer sur ces trois points en négociation avec les ministres, ceux-ci resteraient les maîtres de la prolonger indéfiniment, de la rompre même en exigeant des princes quelque condition incompatible avec leur honneur et leur devoir envers leur pays ; que si au contraire les princes refusaient d'entrer en négociation , les ministres pouvaient rejeter sur eux et leur obstination les délais de l'expédition dont ils resteraient maîtres de fixer l'époque.

Les princes durent appercevoir le piége , et sans doute ils en frémirent d'indignation et de douleur ;

mais leur malheureuse situation leur commandait de dissimuler. Ils répondirent que Sa Majesté britannique ayant, ainsi que les autres puissances, refusé de reconnaître la régence, dont la mort de l'infortuné Louis XVI avait, suivant les lois, forcé son frère de prendre le titre, les engagemens qu'il pourrait contracter n'auraient pas la validité nécessaire à de pareils actes ; que d'ailleurs le tems indispensable pour traiter à fond trois points aussi compliqués et aussi importans, non-seulement pour la France, mais pour l'Europe entière, occasionnerait des retards, dont le danger était trop évident pour qu'il fût nécessaire de le prouver. Les princes terminèrent cette réponse en insistant avec la plus grande vivacité, pour qu'il leur fût au moins permis d'achever l'équipement du bâtiment acheté à Southampton si les ministres ne jugeaient pas à propos de leur accorder des vaisseaux de Sa Majesté.

Il paraît qu'en même tems les princes s'occupèrent des moyens d'arriver à leur but sans le secours des ministres, et qu'ils convinrent entr'eux que le comte d'Artois tâcherait à tout prix de passer dans la Vendée, tandis que son frère aîné, sous le prétexte de passer en Espagne, se jeterait dans Toulon.

Mais pendant toutes ces menées des ministres,

l'objet qu'ils s'étaient proposé fut à peu près rempli. Les chefs de l'insurrection vendéenne, divisés d'opinion, avaient séparé leurs forces. Les uns étaient venus attaquer Granville sans canons, à la vue de quelques-unes de nos frégates qui auraient pu facilement leur en fournir, et, après avoir perdu inutilement une foule de monde, s'étaient dispersés. Les autres s'étant imprudemment avancés d'un autre côté, avaient perdu une bataille sanglante, et dans la déroute les neuf dixièmes de leurs troupes avaient été taillés en pièces (1). Nos ministres, s'applaudissant sans doute de cet heureux résultat de leurs savantes combinaisons, se hâtèrent d'exercer _ leur bienveillance du côté de Toulon.

Vous vous rappellerez sans doute, Monsieur, que nous ne sommes entrés à Toulon, ainsi que les Espagnols, qu'en vertu d'une capitulation, par

---

(1) Vers la fin de 1796, les revers qu'avaient éprouvés les Autrichiens sur le Continent, et l'état alarmant de l'intérieur de l'Angleterre, plongèrent pendant quelque tems les ministres dans un découragement qui approchait de la lâcheté. A cette époque, un ministre étranger, dans une conversation avec un membre du cabinet britannique, lui dit que si l'Angleterre avait soutenu la Vendée à son début devant Granville, les choses n'auraient pas pris une pareille tournure. « Ah monsieur ! » ne m'en parlez pas, répondit le ministre anglais : nous » craignions alors que cela ne finît trop tôt. »

laquelle, reconnaissant Louis XVII, nous nous engageâmes à conserver pour lui la ville, le port, les vaisseaux, les arsenaux, enfin tout ce qui s'y trouvait réuni.

Reconnaître un roi encore dans l'enfance, et qui évidemment ne devait sortir de sa prison que pour entrer dans sa tombe, c'était, ou insulter au bon sens, ou s'engager à donner à ce roi un tuteur, un représentant ; et dans ce cas on ne pouvait nommer que celui que les lois du royaume et les vœux des Toulonnais appelaient à remplir cette difficile fonction. Mais ce n'était point là le projet de nos ministres ; ils rejetèrent avec dureté le vœu bien prononcé des Toulonnais, et commencèrent par faire démâter, dégréer tous les vaisseaux français qui se trouvaient dans le port, afin d'avoir, au moindre revers, un prétexte pour les réduire en cendres. Les commandans de la flotte espagnole, qui, comme nous, avaient signé la capitulation, pénétrèrent sans peine les vues de nos ministres. Ne pouvant les partager, ils cherchèrent à les faire échouer. Ils engagèrent d'abord les Toulonnais à persister dans la demande du prince français ; ils appelèrent ensuite l'ancien évêque avec son clergé ; les commandans anglais le repoussèrent : tous les jours quelque circonstance du même genre augmentait la désunion entre nous, les Espagnols et les Tou-

(35)

lonnais, et nuisait aussi tous les jours davantage à
la défense de la place. Les Toulonnais, espérant que
l'arrivée du prince mettrait un terme à cette désunion, qui présageait évidemment leur ruine, lui
envoyèrent une députation pour hâter sa marche;
et le jour même où cette députation l'atteignit en
Piémont, Toulon, constamment mal défendu par
des généraux qui, avec des vues si différentes, ne
pouvaient parvenir à s'entendre, fut évacué moitié
de gré, moitié de force. Les vaisseaux français, les
arsenaux, les munitions navales, les magasins furent
réduits en cendres par nos officiers, et les habitans
abandonnés à la fureur de l'ennemi. Nos ministres
et leurs partisans osèrent célébrer ici le succès de
cet horrible mélange de perfidie, de cruauté et de
mal-adresse, comme une véritable victoire navale.

Telle fut, Monsieur, en 1793, la récompense
de la confiance que le parti royaliste de France eut
le malheur d'accorder à nos ministres, à leurs promesses, à celles de nos commandans ; mais ce parti
eût été trop heureux d'en être quitte pour les pertes
cruelles qu'il venait de faire, et d'échapper, à ce
prix, à la politique infernale de nos ministres.
Ceux-ci, ne perdant jamais de vue un instant leur
plan barbare de destruction et de carnage, envoyèrent des émissaires dans la Vendée, chargés de co-
lorer ce qui s'était passé à Toulon, et le manque de

parole dont les chefs vendéens avaient eux-mêmes le droit de se plaindre ; et pour ranimer l'espoir de ceux qui se soutenaient encore, on leur fit parvenir quelques légers secours d'armes, de munitions et d'argent, accompagnés des plus solennelles promesses que dans peu l'Angleterre porterait à la Vendée le comte d'Artois avec les plus puissans secours en tout genre.

Mais les ministres ne daignèrent plus s'occuper de ces promesses, jusqu'à ce que les premiers revers qu'éprouvèrent les armées coalisées en Flandre, dans la campagne de 1794, leur annoncèrent quelle en serait l'issue. Dans le desir vague de faire, par la Vendée, une diversion utile, ils renouvelèrent leurs promesses libérales et leurs mesquins secours aux chefs vendéens ; et pour les convaincre que c'était enfin de bonne foi qu'on voulait se servir d'eux pour servir leur cause et la nôtre, les ministres firent prier le comte d'Artois de se rendre sur le champ à l'armée du duc d'Yorck, en l'assurant que les ordres étaient déjà donnés pour séparer de cette armée et de celle de la Hollande tous les corps d'émigrés, les mettre sous ses ordres, et les transporter en France avec lui ; il ne fut plus question cette fois des trois points importans dont quelques mois auparavant les ministres avaient fait un préliminaire indispensable.

Le

Le comte d'Artois partit avec le plus vif empressement, sans se méfier de ce nouveau piége ; mais en arrivant à l'armée anglaise , les quartiers du comte d'Artois lui furent assignés à trois lieues en arrière du quartier-général ; et sous le prétexte de la sûreté de son auguste personne , dont la conservation était , disait-on , si importante au salut de la France et aux intérêts de l'Europe , on l'écarta avec le plus grand soin des occasions de combattre ; on se garda bien de l'embarquer , et encore moins les corps d'émigrés. Le comte d'Artois resta donc à l'armée du duc d'Yorck , pour la voir se retirer des Pays-Bas en Hollande , puis évacuer la Hollande même : les ministres ajournèrent alors l'expédition promise à l'année suivante , et cette fois ils ne tinrent parole que trop bien pour les infortunés royalistes.

En 1795 , Charette , Stoffler et quelques autres chefs vendéens non moins braves , quoique moins puissans que les deux premiers , retirés dans des cantons presqu'inaccessibles , se défendaient avec succès contre toutes les forces qu'on avait jusqu'alors envoyées contr'eux. Avec quelques secours ils auraient pu rassembler quarante mille hommes , et davantage avec un prince à leur tête. Si les ministres eussent eu , à cette époque , la volonté de former au moins une diversion utile , c'était sans doute vers

Charette qu'il fallait qu'ils dirigeassent leur expédition ; mais cette fois encore ils se déterminèrent à tout sacrifier à l'espérance de détruire en France tous les élémens de sa puissance passée.

Depuis l'incendie de Toulon, les ministres avaient constamment nourri le desir, et quelquefois entretenu l'espoir de faire éprouver à Brest le même sort qu'à Toulon. Depuis long-tems le ministre entretenait des intelligences en Bretagne; ses émissaires y avaient organisé ce qu'ils appelaient *la Chouannerie*, et assuraient que si un prince français débarquait sur leurs côtes avec quelques secours, tous les Bretons prendraient les armes, et formeraient instantanément une armée considérable. Les ministres se flattèrent qu'en allumant de ce côté-là une nouvelle guerre civile, il pourrait en naître quelque chance qui ferait tomber Brest entre leurs mains : ils se déterminèrent donc à faire leur expédition sur la presqu'île de Quiberon.

Il vous paraîtra sans doute, Monsieur, que, dans l'état où étaient alors les affaires générales, c'était déjà une faute assez grave, que de se priver volontairement du secours que nous offrait l'armée vendéenne, dont le courage et la persévérance, au milieu des plus grands désastres, n'avaient plus besoin de preuves, et d'aller hasarder nos forces dans une province qui était loin d'avoir autant de titres à notre confiance (1); mais dans la direction même de ces forces, nos ministres commirent des fautes si énormes, si inconcevables, que, pour une partie de nos contemporains, que pour la postérité entière, il sera toujours douteux si les ministres ont voulu autre chose que de faire massacrer, par des Français républicains, les Français royalistes qu'ils ont jetés sur les côtes de France (2).

---

(1) M. Trueman ne sait peut-être pas ce qui a contribué à déterminer les ministres à donner la préférence à la Bretagne sur le Poitou, dans le projet de leur expédition. Les ministres avaient appris à connaître le caractère personnel de Charette; ils savaient qu'il les appréciait, qu'il serait en garde contr'eux, et que, joint à Stofflet, il serait malgré eux assez fort pour ne pas devenir malgré lui le servile instrument de leurs abominables desseins, au lieu que le chef de leurs menées en Bretagne leur était entièrement dévoué. D'ailleurs, plus accoutumé à manier la plume que l'épée, il n'aurait jamais pu prétendre qu'à commander nominalement, et se serait borné à exécuter leurs ordres.

(2) M. Trueman a tort de ne pas parler d'une circonstance qui jette quelques lumières sur ce doute : les ministres avaient pris plus de huit mois pour préparer leur expédition; l'armée de Condé était à leur solde; il ne fallait pas trois mois pour la transporter toute entière en Angleterre; ils la laissèrent en Allemagne, ne choisirent que des corps d'émigrés, dont les uns étaient presque détruits, les autres formés à la hâte, et parmi ces der-

Douze mille hommes étaient destinés à cette expédition, et devaient être rassemblés dans un camp avant d'être embarqués ensemble ; c'était ce qu'annonçaient les ministres par leurs dispositions, et cela semblait d'autant plus naturel, qu'il était évident qu'une si petite armée ne pouvait avoir de succès qu'en surprenant le point où elle débarquerait, et que sa marche ultérieure ne pouvait se régler ensuite que d'après l'appui qu'elle trouverait parmi les mécontens du pays. Sur ces douze mille hommes, quatre mille arrivèrent les premiers ; tous les quatre mille étaient français, et dès qu'ils furent arrivés, on les embarqua, on les jeta sur la presqu'île de Quiberon, quoiqu'il fût à la connaissance des généraux et des ministres, que les autres huit mille hommes ne pourraient être embarqués avant six semaines ; qu'ainsi ces quatre mille hommes

___

niers, un corps de quatre cents hommes entiérement composé d'officiers de tous grades de l'ancienne marine royale. Il n'a pas échappé vingt hommes de ce corps, et quelqu'un parlant un jour, devant un ministre d'Angleterre, de l'affaire de Quiberon, et plaignant les malheureux qui y avaient péri, « sans doute, répondit le » ministre, cela est fâcheux pour les morts ; mais nous » avons ce jour-là gagné sur la France une bataille navale, » dont les suites seront plus importantes que celles de » toutes les batailles que nous avons gagnées depuis un » siècle ».

auraient à soutenir l'effort de toutes les troupes que le Gouvernement français pouvait envoyer contr'eux pendant ces six semaines : trois ne s'écoulèrent pas avant que les malheureux quatre mille hommes ne fussent effacés du nombre des vivans. Je laisse aux ministres le soin de se justifier ; je leur laisse le soin de chercher dans l'histoire des cinq cents années de rivalité entre l'Angleterre et la France, un trait semblable à celui-ci, l'exemple d'une expédition conduite de cette maniere ; s'ils en trouvent un seul, je les tiens pour absous.

Après cette déplorable issue de l'expédition la plus absurde, si elle n'est pas la plus criminelle, on devait croire que les ministres, loin de déterminer, par quelque démonstration, le Gouvernement français à porter ses forces dans la Vendée, chercheraient au contraire à persuader qu'ils avaient eux-mêmes renoncé à tout projet ultérieur sur les côtes de France ; ils auraient ainsi donné au parti royaliste le tems de se remettre de la terreur dont le massacre de Quiberon l'avait frappé ; et les troupes républicaines, accourues de tous les côtés en Bretagne, auraient vraisemblablement été renvoyées aux armées des frontières. Il était d'autant plus naturel de penser que ce serait là la marche des ministres, qu'à peine eurent-ils appris la destruction du corps de Quiberon, qu'ils firent partir pour

Saint-Domingue les troupes qui , du moins en ap-
parence , avaient été destinées à soutenir le débarquement des premiers quatre mille hommes ; mais
les ministres semblèrent , à cette époque , avoir
pris le parti de faire égorger tout ce qui restait de
royalistes en France. Pour déterminer Charette à
reprendre les armes , ils engagèrent le comte d'Artois à s'embarquer sur une escadre avec une cin-
quantaine d'émigrés qui étaient arrivés trop tard
pour partager les tombeaux de leurs amis à Quiberon. On promena pendant quelque tems ce malheureux prince le long des côtes de France ; l'île
de Noirmoutier avait alors une garnison républi-
caine : on tint conseil , on décida qu'on n'avait
pas assez de troupes de débarquement pour attaquer ce misérable fort ; on fit avertir Charette ; on
prit jour avec lui pour recevoir le prince et des
munitions abondantes en tout genre. Charette , en
annonçant la présence du prince , le jour fixé pour
le recevoir , parvint à rassembler un corps de douze
à quinze mille hommes ; mais au jour fixé pour le
débarquement , on fait signifier à Charette qu'il a
trop peu de monde pour qu'on puisse lui confier
le prince ; que les ministres de Sa Majesté britannique blâmeraient une pareille témérité , que la
mer était trop grosse pour débarquer les munitions :
on l'informe qu'on va se placer à l'Ile-Dieu , et on

l'exhorte à augmenter ses forces et à se porter du même côté. Charette, frappé d'un coup de foudre en recevant un pareil message, répondit à l'officier qui le lui avait apporté : « Allez, Monsieur, dire » à vos chefs que vous m'avez apporté l'arrêt de » ma mort; j'ai aujourd'hui quatorze mille hommes » autour de moi, demain il ne m'en restera pas qua- » torze cents ; en me faisant manquer à la parole » que j'avais reçue de vos chefs, ils m'ont ôté tout » moyen de les servir désormais; il ne me reste » qu'à fuir ou à mourir : mon choix est fait, je » mourrai les armes à la main. »

Notre escadre n'en partit pas moins pour l'Ile-Dieu ; Charette, abandonné, ne reparut plus ; le prince, après avoir passé quelques semaines à l'Ile-Dieu, revint en Angleterre ; peu après Charette et Stofflet périrent, jugés par leurs ennemis mêmes dignes d'un meilleur sort ; et nos ministres, pour se débarrasser des plaintes et des regrets du comte d'Artois, l'envoyèrent dévorer sa douleur dans le château d'Édimbourg.

Après la mort de Charette et de Stofflet, le petit nombre de chefs qui leur avaient survécu, ne put jamais tenir la campagne ; et la Vendée, sans être parfaitement soumise, cessa de combattre, malgré tous les efforts de nos ministres pour y ressusciter la guerre. Tantôt des paix particulières , tantôt une pacification générale , rétablissaient la tranquillité momentanément interrompue , jusqu'à ce que le 18 brumaire mit fin , par un arrangement aussi sage que généreux , à l'agitation qui avait plus ou moins duré jusqu'alors.

Les chouans , organisés avec tant de soin par nos ministres et leurs émissaires , ne se distinguèrent jamais par aucune action d'éclat qui pût leur donner de la considération ou augmenter leurs forces : quelques petits combats particuliers , quelques républicains surpris et égorgés , quelques chouans fusillés composent toute l'histoire de leur existence (1) , qui fut pour le Gouvernement français plus importune que dangereuse , et qu'un mélange de rigueur et d'indulgence termina également après le 18 brumaire.

____

(1) Un membre du parlement , parlant un jour à un membre du cabinet , le plus intimement attaché à M. Pitt, de la chouannerie , de son inutilité et de son atrocité , le ministre lui répondit : « Nous sommes plusieurs qui » pensons sur cela comme vous ; mais il a fallu que nous » laissions un os à ronger au parti Portland , et surtout à » Windham , et nous lui avons abandonné les restes du » parti royaliste. Il ne fait que des sottises , tant pis pour » ceux qui s'y fient. »

Telle a été, Monsieur, envers le parti des royalistes, la conduite des ministres. Inhumainement
perfides dans la conception de leurs plans, froide-
ment barbares dans l'exécution de leurs plans, tout
rapport avec eux a été un arrêt de mort : la malédiction du ciel n'eût pas été plus funeste que leur
prétendue amitié.

Je n'entretiendrai pas la chambre d'une foule de
misérables intrigues que nos ministres ont ourdies
dans l'intérieur de la France, par le moyen d'une
nuée d'émissaires dont ils ont environné toutes
les frontières : le seul fruit qu'ils en ont retiré, a été
de se flatter de tems en tems, sur les rapports de
leurs agens, d'avoir influé sur tel ou tel autre
homme, telle ou telle autre mesure, toujours également inutile à nos intérêts. Toutes ces menées
obscures n'ont servi qu'à attirer à nos ministres le
mépris d'une partie de la France, et la haine de
l'autre, à rendre la paix toujours plus difficile ; mais
ne serait-ce pas ce que desiraient nos ministres ? On
est tenté de le croire, si l'on en juge par leur conduite au moment où le 18 brumaire leur ouvrait la
porte à une conciliation.

A peine BONAPARTE se trouva-t-il à la tête du
Gouvernement de la France, qu'il fit une tentative
franche et loyale pour terminer une guerre qui,
dans l'espace de huit ans, avait coûté à l'Europe

plus d'or, de sang et de larmes que la fameuse guerre de trente ans.

Vienne et Londres semblèrent s'accorder pour repousser cette première ouverture : nos ministres affectèrent des doutes sur la sincérité de BONA-PARTE, sur la solidité de son pouvoir.

Mais, Monsieur, ce que nous devions regarder comme le gage le plus assuré de la bonne foi du PREMIER CONSUL, c'était sans doute son intérêt.

Quel intérêt plus grand pouvait-il avoir que celui d'acquérir les cœurs des Français dont il avait déjà la confiance ? Quel moyen plus sûr pouvait-il trouver, pour se faire chérir, que de terminer la guerre ? Quelle gloire pouvait-il ajouter à celle qu'il avait déjà acquise par des victoires sans nombre, si ce n'était la gloire de fermer pendant la paix les plaies profondes et encore saignantes de sa patrie ? de prouver à l'Univers, que la nature, qui l'avait fait le plus grand capitaine de son siècle, de plusieurs siècles, lui avait aussi prodigué les dons qui forment l'homme d'État ? de le prouver par la sagesse d'une administration qui rendît à la France, avec le calme intérieur, la prospérité dont elle avait déjà joui, et la fît jouir de celle à laquelle de nouveaux moyens lui permettaient d'aspirer ?

Quant à la solidité du pouvoir du PREMIER CONSUL, même en mettant à part son caractère personnel, on pouvait en trouver un sûr présage dans la manière dont ce pouvoir avait été acquis.

Jusqu'au 18 brumaire, nous avions vu tour-à-tour les Jacobins, les Cordeliers, les Sans-Culottes de Saint-Antoine, ceux de Saint-Marceau, les factions nombreuses de la Convention, celles de la Commune de Paris, créer, détruire, puis recréer encore, sous différens noms, la plupart des autorités qui avaient momentanément gouverné et désolé la France, en raison du plus ou moins de ressemblance des créatures avec les créateurs, et chaque changement avait été précédé par des tumultes sanglans, et suivi par des assassinats ou des meurtres juridiques.

Quelle différence n'offrait pas le 18 brumaire !

Le conquérant de l'Égypte apprend sur les bords du Nil les dangers de sa patrie : des armées accourues des frontières de la Tartarie et de la Chine avaient flétri les lauriers que les soldats français avaient naguère cueillis sous ses ordres dans les champs de l'Italie, et osaient menacer les anciennes frontières de la France ; les rênes du Gouvernement flottaient entre des mains faibles et corrompues, et l'affreuse anarchie épiait le moment de s'en ressaisir ; la France gémissante implorait un sauveur, et n'osait espérer BONAPARTE.

Au travers de mille dangers, il accourt, il arrive,

suivi seulement de quelques-uns des compagnons de ses travaux, de sa gloire. Depuis les bords de la Méditerranée jusqu'aux portes de la capitale, des cris de joie annoncèrent son retour; et dans l'instant tout ce que Paris renferme de probité, de talens, de vrai patriotisme et d'honneur, l'entoure, l'implore; et tel est l'ascendant de son nom, de sa gloire, que ce Gouvernement, qui osait encore se croire en droit de commander aux Français, ne peut faire tirer une seule épée pour le défendre; il tombe renversé sans être attaqué, et disparaît comme un fantôme.

Je vous le demande, Monsieur : ce début ne promettait-il pas plus de solidité que n'en pouvait avoir jamais ce Directoire avec lequel nos ministres avaient pourtant traité deux fois ? Purent-ils s'aveugler sur la garantie que nous offrait le caractère personnel, la valeur indomptable d'un général, l'idole des armées françaises, le seul que jamais encore la victoire n'avait abandonné un moment ? Et pensez-vous que si nous eussions alors profité des premières ouvertures de BONAPARTE, nous n'en aurions pas obtenu des conditions plus avantageuses que celles du traité d'Amiens ?

L'Autriche fut punie à Marengo de son obstination; elle osa pourtant encore refuser les conditions que lui proposait son perpétuel vainqueur. La bataille de Hohenlinden lui en fit subir de plus dures, et nous restâmes seuls engagés dans la guerre : nos ministres, n'en doutez pas, l'auraient continuée tant qu'il serait resté une goutte de sang dans les veines, et une guinée dans les poches d'un Anglais; mais, je l'ai déjà dit, les cris de la nation les forcèrent de signer le traité d'Amiens.

Je l'avouerai sans honte : je crus alors que cette paix serait une des plus durables que nous aiyons jamais eue. Les deux nations avaient été également fatiguées de la guerre, avaient un égal besoin de repos, et les conditions de la paix étaient telles, que chacune des deux nations conservait assez de moyens de prospérité pour n'en point chercher aux dépens de l'autre. La marche qu'adopta immédiatement le Gouvernement français acheva de me confirmer dans cette opinion. Son premier soin fut pour le rétablissement de l'ordre à Saint-Domingue, et ce soin lui donnait un titre à notre reconnaissance, à celle de toutes les puissances qui possèdent des colonies à sucre. Ranimer les manufactures, ouvrir des débouchés au commerce, réparer les grandes routes négligées pendant dix ans et presque détruites, creuser des canaux, construire des dépôts pour les arts, organiser l'instruction publique, assurer les frais du culte, améliorer toutes les branches du revenu public, les douanes, les domaines ; introduire partout l'ordre et l'économie, former un code de lois, tels furent les objets qui fixèrent presqu'à la fois l'attention du PREMIER CONSUL, qui occupèrent son génie réparateur.

Tous ces travaux, Monsieur, sont de nature à exiger la paix ; et quand un Gouvernement s'en occupe tout entier, il prouve qu'il desire la paix, qu'il compte sur la paix. J'ai été moi-même témoin d'une partie de ces travaux ; j'ai passé quelques mois en France, j'en ai parcouru les provinces ; partout j'ai trouvé le desir et l'espoir de conserver la paix.

Mais la douce illusion que je me plaisais à entretenir n'a pas été de longue durée : bientôt j'ai démêlé dans nos gazettes ministérielles le projet d'aigrir les deux nations l'une contre l'autre, de populariser en Angleterre une guerre contre la France ; injurier son Gouvernement, outrager personnellement le PREMIER CONSUL, calomnier ses intentions, lui en supposer que rien n'autorise à lui prêter, encourager la résistance des uns, blâmer la soumission des autres, chercher à ranimer dans l'intérieur l'esprit de parti, les haines religieuses, à réveiller au dehors la jalousie contre la France : tel était le sens dans lequel nos gazettes ministérielles étaient dirigées, et ce virulent système d'hostilité de plume aurait suffi pour m'alarmer. Bientôt j'appris par mes amis, les ordres et les contr'ordres envoyés au Cap, à Alexandrie, à Malte, et la détermination de garder cette île malgré la stipulation du traité ; alors je ne doutai plus de la guerre ; je fus encore témoin du regret avec lequel les Français la virent prête à éclater ; mais je le fus aussi de la haine, de l'horreur que leur inspira la perfidie de nos ministres : elle rappela au souvenir des Français toutes les atrocités du ministère, dont ils avaient été, ou les témoins, ou les victimes pendant la dernière guerre ; et, je le dis à regret, elle doublera contre nous l'énergie de cette nation qu'aucun sacrifice n'effraie, qu'aucun obstacle n'arrête lorsqu'une fois ses sentimens sont portés à un certain degré d'exaltation.

Et pourtant au moment où de pareils sentimens éclatent contre nous dans l'universalité de la France, nos ministres ont osé insinuer dans cette chambre, leurs écrivains à gages ont osé imprimer qu'il existe encore en France des élémens dont ils peuvent espérer de recomposer un parti favorable à leurs vues.

Quelle que soit l'impudence dont ils nous ont fourni déjà tant de preuves, je ne crois pas que ce soit de la Vendée qu'ils veulent parler, eux dont la politique perfide, atroce, a converti cette belle contrée en un vaste cimetière. Non, Monsieur, jamais la Vendée ne reprendrait les armes que contr'eux, que pour se venger des maux dont ils l'ont inondée, que pour défendre un Gouvernement bienfaisant qui lui a rendu le culte de ses pères, les ministres de ses autels ; qui n'a cessé de s'occuper des moyens de réparer ses pertes, et à l'ombre duquel elle les répare en effet.

Nos ministres ont-ils peut-être voulu indiquer les royalistes en général ? Il se peut qu'il y ait en France, comme il y en a toujours eu dans les républiques, même les plus anciennes, quelques hommes qui pensent que la forme d'un gouvernement monarchique héréditaire est plus propre, que toute autre, à assurer la prospérité et la tranquillité de leur patrie ; cette opinion purement spéculative n'a rien dont les gouvernemens républicains puissent être blessés ; mais, soyez-en sûr, Monsieur, il n'existe pas en France un seul homme qui pense à s'occuper un seul instant, dans l'état actuel des choses, de la discussion d'une pareille opinion, qui croye qu'on puisse s'en occuper sans crime et sans absurdité.

Serait-ce donc des émigrés, dont nos ministres ont voulu parler ? Mais, Monsieur, ils doivent au Pre-mier Consul jusqu'à l'air qu'ils respirent. Il les a arrachés à l'humiliation de mendier chez l'étranger un asile qu'on leur refusait souvent avec dédain ; il leur a sauvé la douleur amère de recevoir d'une main étrangère les secours d'une pitié insultante,

et

et leur a permis de vivre en paix, au sein de leur patrie, de leurs familles, et de déposer leurs cendres à côté de celles de leurs pères ; il leur a rendu tout ce qu'il a pu leur rendre sans exposer l'État à des convulsions, sans les exposer eux-mêmes à des vengeances ; il a fait pour eux tout ce qu'il était possible de faire, plus qu'il ne leur était possible d'espérer, et ils peuvent espérer encore : calomnier ainsi cette classe infortunée serait le dernier outrage, le dernier crime dont nos ministres pourraient se rendre coupables envers eux.

Mais seraient-ce les terroristes, les anarchistes que nos ministres ont voulu signaler comme leurs alliés probables ? Pour le bonheur de la France, pour celui de l'humanité, il ne dépend pas même de nos ministres de ressusciter cette race impie dont les chefs se sont dévorés entr'eux : s'il en végète encore quelques-uns dans l'obscurité dont ils n'auraient jamais dû sortir, ils sont condamnés à exhaler leur impuissante rage, en mordant la poussière dans laquelle ils cachent leur têtes coupables, chargés de la malédiction de la France, de celle de toutes les nations de l'Europe.

Non, Monsieur, il n'existe point en France des élémens de parti, des germes de division : pour s'en convaincre, il suffit de jeter un coup d'œil sur le Gouvernement lui-même.

Voyez le PREMIER CONSUL, entouré de ses généraux, la terreur de ses ennemis, les fidèles compagnons de ses travaux, de sa gloire. Si dans leur noble maintien vous appercevez le sentiment de leur force, de leur valeur, vous y démêlerez aussi la conscience de la supériorité du chef ; lisez sur leurs fronts couronnés de lauriers : il y est écrit en grands caractères, que s'ils n'ont pas de maître, BONAPARTE n'a pas d'égal.

Voyez les fonctionnaires publics de tous les rangs s'empresser de fixer les regards du PREMIER CONSUL, attendre de son approbation la récompense de leurs travaux ; de sa sagesse, l'emploi de leurs talens ; de sa bienveillance et de son estime, leur considération personnelle.

Voyez tous les possesseurs du sol immense de la France, exprimer au PREMIER CONSUL la reconnaissance qu'ils doivent à celui qui leur a rendu, qui leur conserve la sûreté personnelle, la jouissance paisible de leurs propriétés. Écoutez les bénédictions de la nation entière qu'il a sauvée du joug de l'étranger, des horreurs de l'anarchie ; d'une nation sensible qui sait qu'elle doit à ses exploits l'honneur, la gloire et la puissance à laquelle elle est parvenue ; qu'elle doit à sa sagesse, à ses soins infatigables, la prospérité dont elle jouit, et qu'elle lui devra celle dont elle jouira encore.

Est-ce bien, Monsieur, au milieu d'un pareil accord de tous les sentimens, de toutes les opinions, de tous les vœux, que nos ministres découvriraient des élémens de factions, des germes de discorde. Non, Monsieur, je le répète : il n'existe point de pareils germes en France, et les insinuations de nos ministres à cet égard, les assertions de leurs écrivains, ne sont que des jongleries politiques dont les auteurs ne recueilleront que de la honte. Mais nos ministres sont trop familiarisés avec elle pour la craindre ; s'ils se rendaient un moment justice, ils sentiraient qu'ils sont également indignes de la confiance de Sa Majesté et de celle de cette chambre ; que d'après la manière dont ils ont dirigé la dernière guerre, on ne peut, sans absurdité, leur abandonner la conduite de celle dans laquelle ils viennent de nous plonger ; que l'horreur qu'ils ont inspirée à la nation française rendra cette guerre plus dangereuse pour nous, et qu'il sera impossible d'obtenir la paix tant que la France verra le gouvernail de l'État dans des mains si perfides, tant que la France ne verra siéger dans le conseil de Sa Majesté que des ministres parjures, qui le jour même où ils ont signé la paix, ont signé l'ordre de n'en pas exécuter les conditions.

Telle est au vrai la position de nos ministres à l'égard de la France. Jetons un coup d'œil rapide sur les autres puissances, et voyons ce que nos ministres peuvent en espérer d'après la conduite qu'ils ont eue envers elles pendant la dernière guerre, et d'après l'état particulier où se trouvent ces puissances elles-mêmes.

Long-tems avant que cette guerre-là n'éclatât, nos ministres ne pouvaient s'être dissimulé que le plan qu'ils avaient formé contre la France ne pouvait s'exécuter que par la guerre, et pourtant ils avaient tellement négligé toute espèce de préparatifs militaires, que dans les deux premiers mois qui s'écoulèrent après le commencement des hostilités, ils ne purent envoyer au secours de la Hollande que douze cents hommes des gardes du roi. Ce début présageait assez ce qu'il fallait attendre de leurs talens militaires, de leur capacité pour la direction d'une guerre, et les suites n'ont pas démenti le présage.

Les ministres n'avaient pas mis plus de promptitude dans leurs dispositions politiques. Au moment où la France semblait défier l'Europe entière, au moment où l'Europe s'ébranlait contre la France, la puissance navale de l'Angleterre, sa puissance pécuniaire, lui permettait de prétendre à jouer un rôle principal, à devenir pour ainsi dire le lien commun de toutes les cours engagées dans la guerre, l'arbitre commun de toutes les prétentions, et il n'est guère douteux que si les ministres eussent saisi le moment convenable, ce beau rôle n'eût été leur partage; mais il faut être juste envers eux : je ne les accuserai pas cette fois d'une coupable négligence : leur plan était si contraire aux intérêts de la plus grande partie de l'Europe, qu'il fallait le cacher avec soin, éviter de prendre des engagemens qui pussent le contrarier, et par conséquent avoir l'air de se réunir simplement aux puissances déjà en armes, et de se contenter de se conformer à leur système.

Celui de la cour de Vienne avait tant de ressemblance avec le plan de nos ministres, que bientôt la conformité des vues et des intérêts amena une union intime entre les deux cabinets. Fiers de leur puissance commune, ils se flattèrent de parvenir à exécuter leurs desseins en dépit du reste de l'Europe, si en la trompant ils ne pouvaient l'engager à y contribuer, et l'Autriche, qui dans la campagne de 1792 avait pris la peine de dissimuler ses vues, manifesta ses prétentions en 1793, assez clairement pour dégoûter la Prusse encore étonnée de se trouver son alliée.

Cette union intime des cabinets de Londres et de Vienne devait naturellement établir entr'eux une espèce d'échange de complaisances réciproques : nos ministres en demandèrent et en reçurent le premier gage. Par une puérile vanité ils voulurent, après la prise de Valenciennes, faire assiéger Dunkerque, dont le nom rappelait des souvenirs flatteurs : l'Autriche y consentit quoiqu'avec regret, et la défaite du duc d'Yorck remplaça dans l'Histoire les souvenirs que les ministres avaient voulu renouveler. Le découragement de notre armée, de celle de la Hollande, et l'échec que reçut à la fin de cette campagne-là l'armée autrichienne elle-même, furent les tristes résultats de l'extravagance militaire de nos ministres.

Pour consoler l'Autriche, ils s'efforcèrent de retenir la Prusse, qui déjà menaçait d'abandonner la coalition ; ils conclurent avec la cour de Berlin un traité de subsides ; et celles de Vienne et de Londres, ne doutant plus de la docilité de la Prusse, se préparèrent à pénétrer dans le cœur de la France (1) ; mais la Prusse, pour qui un subside ne pouvait être l'équivalent des conquêtes qu'on exigeait qu'elle facilitât à l'Autriche, fit mollement la campagne de 1794, et signa la paix de Bâle au commencement de 1795.

L'Autriche, quoique déjà réduite à défendre

---

(1) Les deux cabinets se croyaient alors si sûrs du succès, qu'ils engagèrent l'empereur à se rendre à l'armée des Pays-Bas, pour être témoin des triomphes de la coalition.

contre les Français les passages du Rhin, montra plus de fierté que de regrets en apprenant le traité de Bâle ; elle osa se flatter encore d'atteindre sans la Prusse le but qu'elle avait en vue, mais elle demanda pour elle le subside que nous épargnait la Prusse ; il fut refusé d'abord, puis, après de longues sollicitations, converti en un emprunt mesquin, qui blessa avec raison l'orgueil de l'empereur d'Allemagne. Mais pour adoucir ce que ce procédé avait d'inconvenant, nos ministres appuyèrent d'un autre côté les vues de la cour de Vienne. La campagne de 1795 avait été à peu près nulle sur le Rhin, mais en Italie le général de Vins avait été un moment le maître de faire repasser le Var à l'armée française : il s'était arrêté au milieu de ses succès, et avait répondu à toutes les instances du roi de Sardaigne, que l'empereur ne pouvait faire les efforts nécessaires pour dégager le comté de Nice si le roi de Sardaigne ne consentait à rendre à l'Autriche le Tortonais et le Novarais, sauf à dédommager Sa Majesté sarde, en lui assurant à la paix la Provence et une partie du Dauphiné. Le ministre d'Angleterre à Turin, eut ordre de seconder les efforts de M. de Vins ; mais toute son éloquence, toute l'influence de notre cabinet, échouèrent dans cette circonstance : l'armée autrichienne resta immobile, et l'année d'après le roi de Sardaigne, trouvant sans doute qu'il était plus naturel d'être dépouillé par ses ennemis que par ses amis, fit la paix, et le Milanais fut perdu.

Ce premier malheur de la campagne de 1796 fut suivi de tant d'autres revers sur le Continent, et de tant d'événemens fâcheux dans ce pays-ci, que nos ministres, qui naguère aspiraient orgueilleusement à tant de conquêtes, perdirent la tête. Sans avertir la cour de Vienne, ils adressèrent à celle de Naples le conseil de faire la meilleure paix qu'elle pourrait : ce conseil était un ordre d'autant plus positif, qu'ils signifièrent en même tems qu'ils allaient rappeler nos flottes de la Méditerranée et évacuer la Corse ; ils achevèrent ainsi la désorganisation de l'armée de l'empereur en Italie ; puis, sans consulter davantage le ministre de l'empereur à Londres, ils en envoyèrent un extraordinaire à Berlin, afin de tâcher de renouer avec la Prusse : enfin, pour mettre le comble à leurs torts envers la cour de Vienne, ils firent partir le lord Malmesbury pour Paris, malgré les plus vives instances du ministre de l'empereur, qui ne fut averti de cette détermination que vingt-quatre heures avant son exécution.

La cour de Vienne, soutenant ses malheurs avec plus de fermeté, se plaignit avec autant de justice que d'amertume des étranges procédés de nos ministres ; et il est probable que dès-lors cette cour, perdant avec raison toute confiance dans le cabinet de Londres, aurait rompu avec nous et fait sa paix si les succès de l'archiduc Charles dans le Haut-Palatinat, et les offres de l'impératrice de Russie, qui proposait de faire marcher soixante mille hommes au secours de l'Autriche, ne lui avait rendu l'espérance. Cette proposition ranima également le courage de nos ministres, qui, après avoir hésité quelques semaines, finirent par accepter la proposition de Catherine ; mais bientôt la mort de cette princesse ayant enlevé à l'Autriche tout espoir de secours, et BONAPARTE, après avoir renversé tout ce qui avait osé se présenter devant lui, marchant sur Vienne à grands pas, l'empereur se détermina à signer les préliminaires de Léoben, qui furent suivis de la paix de Campo-Formio. Pendant ces négociations forcées de l'Autriche, nos ministres en entamèrent une de leur côté avec le Directoire, qui fixa la ville de Lille pour les conférences.

Nos ministres, espérant sans doute que le congrès de Rastadt, au lieu de servir à ramener la tranquillité en Europe, développerait le germe d'une nouvelle guerre, ne furent pas à Lille aussi concilians qu'ils auraient pu l'être ; et le Directoire sembla de son côté desirer de conserver un ennemi qu'il espérait punir de tout le mal qu'il avait fait à la France : les conférences de Lille furent rompues, et l'expédition de l'Égypte, en étonnant l'Europe, apprit à nos ministres ce que des Français pouvaient oser, pouvaient exécuter.

Les ministres firent alors les plus grands efforts pour rengager la cour de Vienne dans notre querelle avec la France. La bataille d'Aboukir, l'éloignement de BONAPARTE, les secours que promit l'empereur Paul, et dont nos ministres se chargèrent de faire les frais, enfin la conduite du Directoire à Rastadt, décidèrent l'Autriche à rentrer en lice ; mais elle y rentra avec toutes ses prétentions.

Modérer ses prétentions, amener l'Autriche à les conformer du moins en partie aux vues de l'empereur Paul, aurait dû être le premier objet des soins de nos ministres, le premier et le plus utile résultat de l'influence que leur donnait sur le cabinet de Vienne l'arrivée de quatre-vingt mille Russes qu'ils avaient à nos dépens fait accourir au secours de l'Autriche. Paul faisait dans ce moment dépendre sa gloire du rétablissement des États renversés, et, dès le premier succès de ses armes en Italie, il voulut restituer aux anciens possesseurs ce qu'ils avaient été forcés d'abandonner. Il fit inviter le roi de Sardaigne à rentrer dans le Piémont, qu'occupait Suwarow ; l'Autriche s'y opposa ; la mésintelligence et l'aigreur se mirent entre les deux cours impériales ; nos ministres, au lieu de tenter de les concilier, ne s'occupèrent qu'à tirer parti des Russes, et usèrent leur influence sur l'Autriche, pour l'entraîner aux fautes les plus graves, dans l'intention de seconder notre expédition en Hollande.

L'archiduc Charles, à la tête de quarante mille Autrichiens, avait eu de grands succès en Suisse. Joint par quarante mille Russes sous les ordres de Gorzakow, il n'est guère douteux qu'il n'eût, dans la même campagne, forcé l'armée française à repasser derrière sa propre frontière : nos ministres eurent le malheur d'obtenir de la cour de Vienne l'ordre de faire marcher l'archiduc Charles vers le Bas-Rhin. Dès qu'il se fut éloigné, la bataille de Zurich, où l'armée russe fut presque détruite, vint anéantir toutes les espérances ; l'empereur Paul se détermina sur le champ à rappeler d'Allemagne tout ce qu'il y restait de ses troupes, et dès-lors les cabinets de Vienne et de Londres auraient dû sentir la nécessité de la paix. Le 18 brumaire leur en offrit le moyen. Frappés d'aveuglement, ils osèrent le refuser : Marengo, puis Hohenlinden, ne laissa bientôt plus à l'Autriche d'autre ressource que de souscrire à des conditions infiniment plus dures que celles qui lui avaient été offertes.

En traitant avec la France conjointement avec l'Autriche, nous pouvions lui procurer quelqu'adoucissement dans les sacrifices auxquels elle paraissait condamnée : nos ministres ne furent ni assez justes, ni assez sages, ni assez soigneux de l'avenir, pour prendre ce parti ; ils abandonnèrent l'Autriche, pour faire ensuite une paix séparée.

Si , pendant la durée de la dernière guerre , la conformité des vues de l'Angleterre et de l'Autriche sur la France a donné lieu à peu de sujets d'altercations entre les cabinets de Londres et de Vienne, celui-ci du moins ne dut pas conserver une grande confiance dans l'énergie de nos ministres ; dans la sagesse de leurs plans militaires, dans la noblesse ou la générosité de leurs dispositions pécuniaires : sur tous ces points l'Autriche eut souvent à se plaindre de nos ministres , rarement à s'en louer ; et la manière dont ils se sont conduits envers elle au moment de la paix, ne doit avoir laissé au cabinet de Vienne qu'un juste ressentiment , qu'un mépris bien mérité pour celui de Londres.

Mais, Monsieur, supposons que rien n'ait jamais troublé l'harmonie entre l'Autriche et l'Angleterre, que les deux ministères soient pleins d'une estime et d'une confiance réciproques , à quoi cela pourrait-il nous servir dans les circonstances actuelles ? La conformité des vues n'existe plus , ne peut plus exister. Ce que les ministres ont de moins absurde à dire sur le but de la guerre qu'ils viennent d'en-

treprendre, c'est qu'il leur convient d'ajouter l'empire de la Méditerranée à celui de l'Océan, à celui
de toutes les mers. Ce but convient-il à l'Autriche ?
Je ne le crois pas. Mais quand il lui conviendrait,
vaudrait-il la peine de lui faire courir les dangers
d'une nouvelle guerre, dans l'état où l'a réduite la
dernière ? Le pourrait-elle, tandis que la Prusse,
attachée à la France par mille liens, tient les trois
quarts de l'Allemagne sous son influence ? Non,
Monsieur, l'Autriche ne fera rien, ne peut rien
faire pour vous ; il serait absurde de le penser, plus
absurde encore de le lui demander.

Mais nos ministres peuvent-ils se flatter d'être
plus heureux du côté de la Prusse ? Au début de
la dernière guerre, nos ministres ont essayé d'abord
de tromper la Prusse sur leurs vues relativement à
la France, sur leur concert avec l'Autriche pour
l'exécution de ces vues ; ils ont osé croire que l'a-
varice aveuglerait le cabinet de Berlin, et qu'un
traité de subsides l'enchaînerait.

Du moment que la Prusse, dédaignant le piége,
et n'écoutant que son véritable intérêt, a signé la
paix, nos ministres, franchissant toutes les bornes
de la décence, n'ont plus cessé d'injurier, d'outrager
le cabinet de Berlin dans leurs discours, dans leurs
négociations. Si l'avilissant excès du découragement
auquel ils se livrèrent en 1796, leur fit implorer

le secours de ce même cabinet , son nouveau réfus excita leur fureur , et il ne tint pas à eux d'attirer sur la Prusse les forces de la Russie ; ils osèrent l'en menacer plusieurs fois ; ils parvinrent même à dé-terminer Paul , en 1799 , à faire des démonstrations assez sérieuses contre la Prusse. Assurément il serait difficile qu'après une pareille conduite, le cabinet de Berlin entretînt une grande bienveillance pour la nôtre.

Mais supposons que cette bienveillance puisse exister. Quel intérêt a la Prusse à nous voir maî-tres de toutes les mers ? Quels motifs peuvent l'en-gager à renoncer au système qu'elle a adopté ? Il est évident, ce système qui l'attache aux intérêts, à la puissance de la France, qui à son tour garantit les intérêts et la puissance de la Prusse , qui vient d'augmenter cette puissance , qui peut l'augmenter encore , et qui enfin , en s'unissant avec l'Autriche le jour où la Prusse se déclarerait pour nous , ferait éprouver à la monarchie prussienne le danger d'une ruine absolue.

Mais , Monsieur , serait-ce de la Russie que nos ministres attendent des secours ? Croient-ils que, par un miracle fait exprès pour eux , tout souvenir de leur conduite passée est effacé à Saint-Pétersbourg ? Croient-ils qu'on y a oublié la manière dont ils ont abusé de la bienveillance que Paul leur avait accordée ? qu'on y a oublié les outrages, les cruels outrages qu'ils ont accumulés sur ce prince lorsqu'ils ont perdu l'espoir de le rendre l'aveugle instrument de leurs vues ? Croient - ils enfin que des troupes russes puissent servir jamais avec des troupes anglaises, après ce qui s'est passé en Hollande ?

Non, Monsieur, nos ministres ne croient rien de tout cela ; mais je consens pour un moment qu'ils puissent le croire, qu'en résulterait-il ? La Russie a-t-elle plus d'intérêt que la Prusse, à nous livrer exclusivement la Méditerranée ? N'a-t-elle pas au contraire un intérêt direct à ce que la Méditerranée soit au moins partagée avec la France ? D'ailleurs, n'est-il pas évident que, sans l'Autriche et sans la Prusse, la Russie ne peut agir contre la France, ne peut faire la moindre impression sur elle ?

Mais si nos ministres ne peuvent espérer de secours dans le nord de l'Europe, le midi pourrait-il leur être plus utile ? Je me reprocherais d'abuser de l'indulgence de la chambre si j'examinais sérieusement cette question. L'Espagne alarmée, en 1792, sur les vues manifestées par nos ministres, en traitant à cette époque avec les colons de Saint-Domingue et de la Guadeloupe ; persuadée par ce qui s'était passé en 1793 à Toulon, qu'ils ne voulaient que la destruction de la France, et convaincue par l'expédition sur la Corse, que nous aspirions en même tems à la souveraineté de la Méditerranée ; comme à celle de l'Océan ; l'Espagne, dis-je, n'a pu se dissimuler que ses vastes et riches colonies seraient à la merci de l'Angleterre le jour où la France, quelle que fût la forme de son gouvernement, cesserait d'être puissance maritime. L'Espagne fit donc sa paix avec la France, et bientôt après s'allia avec elle. L'Espagne a, dans cette nouvelle guerre, le même intérêt que la France à s'opposer à nos vues ; elle est attachée à la France par des liens indissolubles, et doit agir contre nous. Le Portugal sera trop heureux si on lui permet de rester neutre ; s'il est attaqué, il cesse d'exister. Déjà Naples n'existe plus pour nous, et nous n'avons rien à attendre du reste du Midi.

J'ai déjà trop long-tems occupé l'attention de la chambre, pour vous entretenir aujourd'hui, Monsieur, du petit nombre de puissances qui, pendant la dernière guerre, ont resté neutres et voudront peut-être le demeurer encore, pour m'étendre sur l'extravagante insolence de nos ministres envers ces puissances, sur le ressentiment qui doit leur en rester, sur leurs intérêts dans cette nouvelle guerre, leurs vues probables. Je prévois avec douleur que si nos ministres persistent, comme ils semblent l'annoncer, dans l'impérieux système de leur nouvelle jurisprudence maritime, ils finiront par forcer les puissances neutres à s'unir entr'elles , à s'unir peut-être contre nous avec la France , et à ajouter leurs moyens à ceux que la France a déjà par elle-même de nous faire repentir de notre aggression.

Je ne puis, Monsieur, terminer mon discours sans demander pardon à la chambre de l'avoir retenue si tard ; mais son tems aura été employé bien utilement pour la patrie , si je suis parvenu à convaincre les honorables membres qui m'ont accordé leur attention avec tant d'indulgence , que la conduite de nos ministres, pendant la guerre dernière, n'a été, comme je l'ai déjà dit, qu'un tissu d'erreurs, de fautes, de duplicité , d'insolence et de barbarie , qui nous a fait perdre nos alliés , attiré la haine des neutres , exaspéré contre nous la nation française en masse , indigné tous les amis de l'humanité sur la surface du globe.

Si , comme je n'en doute pas, la chambre partage avec moi la conviction intime où je suis que le caractère moral de nos ministres ne permet pas de leur accorder la moindre confiance , qu'ils n'en obtiendront jamais dans aucun cabinet de l'Europe , que leur incapacité pour la guerre ne peut qu'attirer des revers honteux sur nos armes, que la juste exécration de la nation française ne nous permet pas d'entrevoir la possibilité de faire la paix tant que les ministres actuels siégeront dans le cabinet , j'espère que cette chambre accueillera la motion que j'ai l'honneur de vous proposer : Qu'il soit présenté par cette chambre une humble adresse au roi , pour supplier Sa Majesté de vouloir bien éloigner pour jamais de ses conseils des hommes depuis long-tems indignes de la confiance de la chambre et de celle de Sa Majesté.

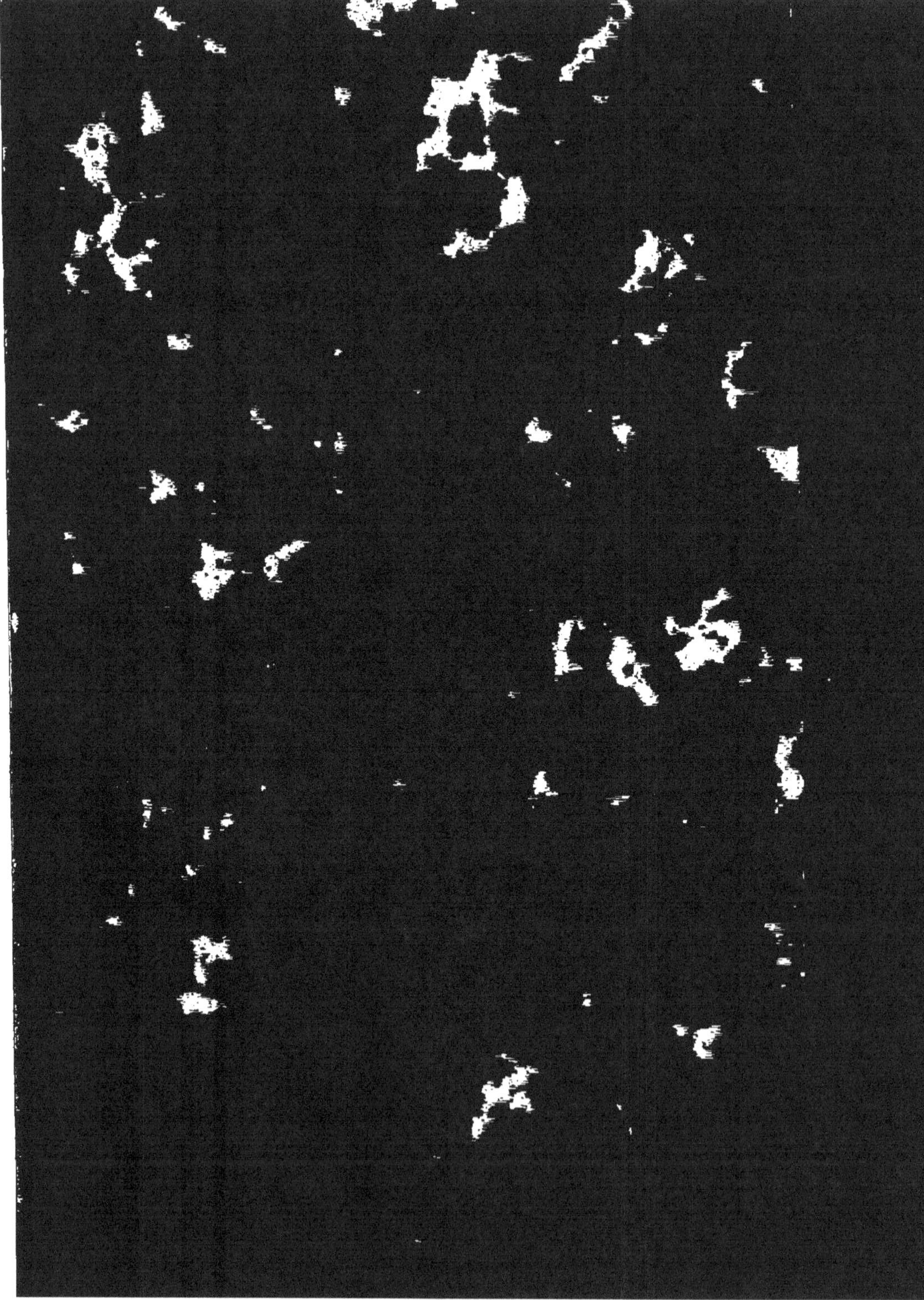